이렇게 읽어요!

마법 손전등을 반짝!

손전등을 비춰 한국사 인물 세 명을 찾아봐!

📝 **일러두기**: 이 책은 긴 시대에서 벌어진 사건과 인물들을 한 장면에 담았습니다. 구체적인 연도는 설명 글을 참고해 주세요.

✅ **하나 더**: 각 시대별 장면에 숨은 서우와 도윤이를 함께 찾아보세요!

차례

- 구석기 시대 6-7
- 신석기 시대 8-9
- 청동기 시대·고조선 10-11
- 만화 단군 신화 12-13
- 고구려 14-15
- 백제 16-17
- 신라·가야 18-19
- 만화 통일 신라 20-21
- 고려 전기 22-23
- 고려 후기 24-25
- 조선 전기 26-27
- 조선 후기 28-29
- 개항기 30-31
- 일제 강점기 32-33
- ★ 지도 속 유물·유적 34-35
- ★ 교과서 인물 도감 36-37
- ★ 정답 38-40
- ★ 한국사 퀴즈 41

❗ 손전등 주의 사항

이 책을 읽기 전, 아래 주의 사항을 꼭 확인해 주세요.

- 이 제품의 손전등은 자외선 LED를 사용하고 있습니다. 절대로 손전등을 켠 상태로 빛을 들여다보지 마세요.
- 손전등은 책을 비추는 용도로만 사용해 주세요. 사람의 피부나 신체에 사용하지 마세요.
- 놀이가 끝난 뒤에는 손전등 스위치를 끈 다음 보관해 주세요.
- 손전등을 분해하거나 개조하지 마세요.
- 빛이 나오지 않거나 약해졌을 때에는 건전지를 먼저 교체하세요.
- 어두운 곳에서 보면 더 생동감 있는 한국사 인물을 만날 수 있어요.

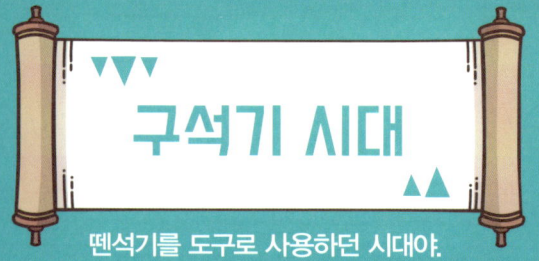

구석기 시대

뗀석기를 도구로 사용하던 시대야. 지구상에 인류가 나타난 때부터 약 1만 년 전까지를 뜻하지. 이 시대의 사람들은 식량을 구하기 위해 이곳저곳으로 이동하며 살았어.

1 뗀석기
돌을 깨뜨리거나 떼어 내서 만든 도구. 쓰임에 따라 주먹 도끼, 찍개, 찌르개 등이 있다.

2 주먹 도끼
손에 쥐고 쓸 수 있는 뗀석기. 짐승을 사냥하고, 고기를 자르는 등 다양한 용도로 사용했다.

3 수렵
산과 들의 짐승을 잡는 것. 수렵을 할 때는 주로 무리를 이루고, 무기로 뗀석기를 사용했다.

4 채집
풀이나 열매, 버섯 등을 따는 것. 주로 여자들과 노인들이 맡았다.

5 낚시
처음에는 맨손으로 물고기를 잡았지만 점차 작살이나 낚싯바늘 등의 도구를 이용했다.

6 동굴 벽화
사냥이 잘되기를 바라는 마음으로 동굴 벽에 사냥감들을 그렸다.

7 막집
나뭇가지와 가죽 등으로 만든 집. 구석기 시대 사람들은 주로 막집이나 동굴에서 생활했다.

8 불
추위를 피하거나 음식을 익혀 먹기 위해 나뭇가지를 서로 비벼 불을 피웠다.

9 장례
죽은 사람이 더 좋은 곳으로 가기를 바라며, 동굴 속에 묻어 주면서 주변에 꽃을 놓았다.

신석기 시대

간석기를 도구로 사용하던 시대야. 약 1만 년 전부터 시작되었지. 농사를 짓기 시작하면서 한곳에 정착해 살았는데 자연스럽게 같은 핏줄인 씨족끼리 모여 살았어.

1 간석기
돌을 갈아서 만든 도구. 뗀석기보다 매끈하고 날카로워서 사용하기에 편리했다.

2 움집
땅을 판 후, 기둥을 세우고 억새로 지붕을 덮어 만든 집. 집 안에 화덕을 만들어 불을 피웠다.

3 가락바퀴
실을 만들 때 사용한 도구. 막대에 실의 원료를 이어 구멍에 끼우고 돌려서 사용했다.

4 그물
가락바퀴로 만든 실을 짜고, 돌을 갈아서 만든 그물추를 매달았다.

5 농사
씨앗이 떨어진 곳에서 식물이 자라는 것을 알게 되자 밭을 일구어 농사를 짓기 시작했다.

6 빗살무늬 토기
곡식을 담아 두거나 음식을 요리할 때 사용했다. 모래 바닥에 토기를 꽂아 고정시켰다.

7 목축
사냥해 온 짐승을 죽이지 않고 우리에 가두어 기르며 고기를 얻었다.

8 신앙
해와 달 같은 자연물이나 동물을 섬기며 농사나 사냥의 성공을 빌었다.

9 족외혼
같은 씨족 안에서의 결혼을 금하고, 다른 씨족과 결혼하는 풍습.

청동기 시대·고조선

우리나라 최초의 국가인 고조선은 청동기 문화를 바탕으로 세워졌어. 위만이 고조선의 왕이 되면서 철기 문화를 받아들이고 땅을 넓히며 발전하게 되었지.

1 고인돌
거대한 돌로 만든 족장의 무덤. 고인돌이 클수록 족장의 힘이 셌다는 것을 뜻한다.

2 반달 돌칼
곡식을 수확할 때 사용하던 도구. 벼농사가 널리 퍼지면서 많이 사용되었다.

3 청동기
청동으로 만든 도구. 만들기가 어려워 재산이 많고 힘 있는 지배자만 가질 수 있었다.

4 족장
부족의 우두머리. 부족을 다스리는 정치적 지도자이자 종교 제사장이었다.

5 단군왕검 (?~?)
고조선을 세운 지도자. 단군은 제사장을, 왕검은 정치적 지도자를 뜻한다.

6 8조법
남을 다치게 하면 곡식으로 갚아야 하는 등 고조선에서 엄격하게 지키던 여덟 가지 법.

7 위만 (?~?)
고조선의 왕이었던 준왕을 몰아내고 왕이 되었다. 고조선을 크게 발전시켰다.

8 철기
철로 만든 도구. 철은 청동보다 구하기 쉽고, 단단하여 농사 도구나 무기로 널리 쓰였다.

9 우거왕 (?~기원전 108)
고조선의 마지막 왕. 한나라의 침략에 맞서 싸웠지만 항복을 주장한 신하의 손에 죽었다.

단군 신화

단군 신화는 우리나라 최초의 국가인 고조선을 세운 단군왕검의 이야기야.
고조선의 원래 이름은 조선인데 이성계가 세운 조선과 구별하기 위해 고조선이라고 불러.
아주 오래전부터 전해 내려온 단군 신화를 마법 손전등을 비추며 읽어 봐!

하늘나라를 다스리는 환인에게는 환웅이라는 아들이 있었어. 환웅은 인간 세상을 다스리고 싶어 했지.

환인은 하늘의 징표인 청동으로 만든 검, 거울, 방울을 주었어.

그렇다면 땅으로 내려가 널리 인간을 이롭게 하거라.

환웅은 비, 바람, 구름의 신을 데리고 태백산으로 내려와 사람들을 다스렸어.

여기가 좋겠군.

어느 날, 곰과 호랑이가 환웅을 찾아왔어.

환웅은 곰과 호랑이에게 쑥과 마늘을 주며 말했지.

100일 동안 쑥과 마늘만 먹으며 햇빛을 보지 말거라.

그러면 사람이 될 것이다.

헉!

*홍익인간 널리 인간을 이롭게 함.

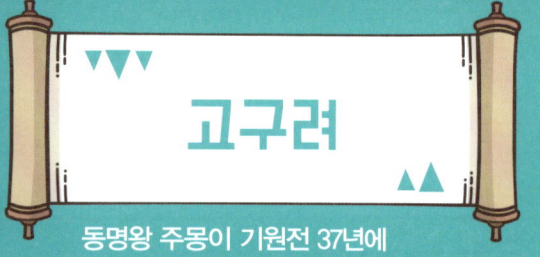

고구려

동명왕 주몽이 기원전 37년에 졸본 지역에 세운 나라야. 광개토 대왕 때에 가장 넓은 땅을 차지했고, 668년에 신라와 당나라의 연합군에게 멸망했어.

1 동명왕 (기원전 58~기원전 19)
주몽은 '활을 잘 쏘는 사람' 이라는 뜻이다. 알에서 태어났고, 고구려를 세웠다.

2 태조왕 (47~165)
제6대 왕. 옥저와 동예를 정복하고 왕의 힘을 강하게 만들었다.

3 고국천왕 (?~197)
제9대 왕. 가난한 농민들에게 곡식을 꾸어 주고 추수하면 갚게 하는 진대법을 만들었다.

4 고국원왕 (?~371)
제16대 왕. 백제를 두 번 공격했지만 졌고, 백제군이 쏜 화살에 목숨을 잃었다.

5 소수림왕 (?~384)
제17대 왕. 국립 학교를 세웠고, 최초로 불교를 받아들이며 고구려 전성기의 기반을 다졌다.

6 광개토 대왕 (374~412)
제19대 왕. 정치적 안정을 바탕으로 영토를 크게 넓혀 고구려의 전성기를 열었다.

7 장수왕 (394~491)
제20대 왕. 광개토 대왕의 맏아들로, 사회 제도와 문화를 발달시키고 남한강까지 영토를 넓혔다.

8 을지문덕 (?~?)
수나라가 고구려에 대군을 이끌고 쳐들어왔을 때 살수(청천강)에서 물리친 장군.

9 사신도
청룡, 백호, 주작, 현무 등 사방위를 맡은 신을 그린 그림. 돌로 만든 무덤 벽면에 그려졌다.

백제

온조왕이 기원전 18년에 세운 나라야. 한강 지역의 좋은 환경을 바탕으로 발전했어. 중국, 일본과 활발한 교류를 하며 빛나는 문화를 꽃피웠고, 다양한 문화유산, 공예품 등을 남겼지.

1 온조왕 (?~28)
한강 주변에 위례성을 쌓고, 백제를 세운 왕.
영토를 넓혀 나라를 키웠다.

2 칠지도
백제에서 만들어 일본에 하사한 것으로 추정되는 칼.
몸체에 여섯 개의 가지가 있다.

3 개로왕 (?~475)
제21대 왕. 고구려의 첩자 도림과 바둑을 두다 꾐에 넘어가 고구려군에게 죽임을 당했다.

4 무령왕 (462~523)
제25대 왕. 혼란한 백제를 안정시켰다. 공주에 있는 벽돌무덤 '무령왕릉'의 주인공이다.

5 진묘수
악한 귀신이나 도굴꾼으로부터 무덤을 지키는 상상의 동물 조각상.
무령왕릉에서 발견됐다.

6 성왕 (?~554)
제26대 왕. 수도를 사비성으로 옮기고, 나라의 기틀을 다시 다졌다.
신라와의 싸움에서 전사했다.

7 무왕 (?~641)
제30대 왕. 신라를 적극적으로 공격하고, 미륵사와 익산 미륵사지 석탑을 세웠다.

8 의자왕 (?~660)
제31대 왕. 좋은 정치를 펼쳤지만, 방탕해져 나당 연합군에 의해 멸망당한 백제의 마지막 왕이다.

9 서산 용현리 마애여래 삼존상
서산의 화강암 바위에 새겨진 불상.
세 명의 부처가 온화하고 넉넉한 분위기를 풍긴다.

신라·가야

신라는 박혁거세가 기원전 57년에 세운 나라야. 고구려, 백제를 무너뜨리고 삼국을 통일했어. 가야는 김수로왕과 형제들이 세운 여섯 나라이고, 모두 신라에 합쳐졌지.

1 지증왕 (437~514)
신라 제22대 왕. 소로 농사를 짓도록 했다. 지방에 관리를 보내 다스리며 왕권을 키웠다.

2 법흥왕 (?~540)
신라 제23대 왕. 불교를 받아들였고, 나라의 질서를 다졌다. 금관가야를 정복하며 영토를 넓혔다.

3 진흥왕 (534~576)
신라 제24대 왕. 한강 주변을 차지해 삼국 통일의 기반을 닦았다. 비석을 세워 영토 경계를 알렸다.

4 화랑도
나라를 위한 인재를 가르치는 단체. 다양한 교육과 군사 훈련을 받았고, 삼국 통일에 큰 기여를 했다.

5 선덕 여왕 (?~647)
신라 제27대 왕. 최초의 여왕으로, 황룡사 9층 목탑을 세워 백성들의 마음을 모으고자 했다.

6 문무왕 (?~681)
신라 제30대 왕. 김유신과 함께 백제, 고구려를 멸망시키고 당나라 세력을 몰아내서 삼국 통일을 이뤘다.

7 천마총
경주에 있는 신라의 무덤. 하늘을 나는 듯한 말 그림인 천마도, 금으로 된 허리띠 등의 유물이 있다.

8 김수로왕 (?~199)
여섯 개의 알 중에서 가장 먼저 태어난 금관가야의 왕. 여섯 가야 중에 가장 세력이 컸다.

9 철로 만든 무기
가야는 '철의 나라'로 불릴 만큼, 철로 만든 갑옷, 무기가 많았다. 금관가야는 바닷길로 철을 수출했다.

소로 농사짓는 '우경'을 시작했지!

통일 신라

통일 신라는 삼국을 통일한 후의 신라를 말해.
주변 나라와 싸울 필요가 없으니 평화로웠고,
많은 불교문화 유산들이 생겨났어.
그 시대에 일어난 세 가지 이야기를
마법 손전등을 비추며 읽어 봐!

문무왕 이야기

삼국 통일을 이룬 문무왕은 죽기 전에 유언을 남겼어.

신하들은 유언을 따라 경주 앞바다에 있는 대왕 바위에 문무왕의 무덤을 만들었지.

그래서 사람들은 용이 된 문무왕이 신라를 지킨다고 믿었대.

원효 이야기

원효는 불교를 공부하러 당나라로 가는 길에 비가 쏟아져서 동굴에서 하룻밤을 지냈어. 잠결에 목이 말라서 바가지에 고인 물을 마셨지.

다음 날 아침. 원효는 해골에 담긴 물을 보고 깜짝 놀랐어.

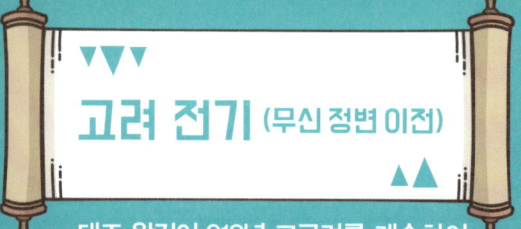

고려 전기 (무신 정변 이전)

태조 왕건이 918년 고구려를 계승하여 세운 나라야. 후삼국을 통일하고 475년 동안 한반도를 지배했지. 무역 활동이 활발했으며, 수많은 문화재를 남겼어.

1 태조 (877~943)
왕건. 고려를 세우고 불교를 장려했다. 많은 호족의 딸과 결혼하여 지방 세력과 좋은 관계를 맺었다.

2 최승로 (927~989)
제6대 왕 성종의 신하. 유교를 바탕으로, 나라에서 고쳐야 할 점 28가지를 적어 올렸다.

3 서희 (942~998)
고려의 외교가로, 거란의 소손녕을 설득하여 압록강 하류의 강동 6주 지역을 돌려받았다.

4 강감찬 (948~1031)
거란이 세 번째 쳐들어왔을 때 뛰어난 작전으로 흥화진 전투와 귀주 대첩을 승리로 이끈 장군.

5 의천 (1055~1101)
제11대 왕 문종의 넷째 아들. 교리와 참선을 아우르는 천태종을 만들었다.

6 이자겸 (?~1126)
왕실의 친척으로 막강한 권력을 누렸지만, 왕이 되고자 난을 일으켜 결국 제거당했다.

7 고려청자
고려 시대 때 만들어진 푸른빛이 나는 도자기. 왕실과 귀족들이 주로 사용했다.

8 삼국사기
제17대 왕 인종 때인 1145년에 학자 김부식이 고구려, 백제, 신라에 대해 쓴 역사책.

9 연등회
고려 사람들이 거리 곳곳에 등불을 켜 놓고 부처에게 복을 비는 나라의 큰 행사.

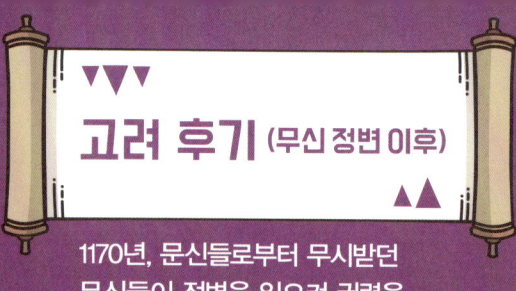

고려 후기 (무신 정변 이후)

1170년, 문신들로부터 무시받던 무신들이 정변을 일으켜 권력을 차지했어. 이후 원나라의 침입과 간섭이 있었고, 1392년 이성계에 의해 멸망했지.

1 최충헌 (1149~1219)
고려의 무신 정권 시대에 최고의 권력을 누렸던 정치가.
이후 4대에 걸쳐 정권을 장악했다.

2 만적 (?~1198)
최충헌의 집에서 일했던 노비.
노비 신분에서 벗어나기 위해 난을 일으키려다가 체포되어 죽었다.

3 공민왕 (1330~1374)
제31대 왕. 원나라의 그늘 아래 있던 고려를 개혁하기 위해 여러 가지 강력한 정책을 펼쳤다.

4 신돈 (?~1371)
공민왕과 개혁을 함께하며 억울하게 땅을 빼앗기거나, 노비가 된 백성들을 도와주었다.

5 최영 (1316~1388)
고려의 무신. 홍건적과 일본 해적을 물리쳤으나 새 나라를 세우려던 이성계에 의해 제거당했다.

6 최무선 (1325~1395)
화약을 연구한 발명가이자 무신.
개발한 무기를 사용하여 일본 해적의 침입을 물리쳤다.

7 문익점 (1329~1398)
고려의 문신. 원나라에서 목화씨를 붓대에 숨겨 고려로 들여와 목화를 널리 퍼뜨렸다.

8 팔만대장경
제23대 왕 고종 때인 1236년부터 16년 동안 부처의 힘으로 외적을 물리치기 위해 만든 대장경.

9 격구
말을 타고 달리면서 막대기로 공을 쳐서 멀리 보내는 경기.
주로 왕족이나 귀족이 즐겼다.

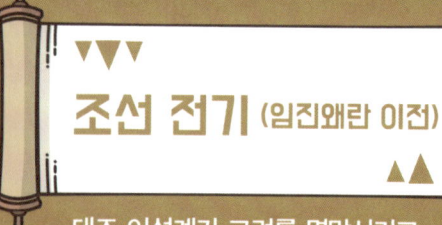

조선 전기 (임진왜란 이전)

태조 이성계가 고려를 멸망시키고 1392년 세운 나라야. 불교를 배척하고 유교의 한 갈래인 성리학을 근본으로 삼았지. 500년이 넘게 유지될 정도로 역사가 깊어.

1 태조 (1335~1408)
이성계. 고려 때 일본 해적을 물리쳐 공을 세웠고, 위화도 회군으로 정권을 장악해 조선을 세웠다.

2 세종 (1397~1450)
제4대 왕. 훈민정음을 창제하고, 평등하게 인재를 등용하여 과학과 문화를 꽃피웠다.

3 장영실 (?~?)
세종의 신뢰를 받은 노비 출신 발명가. 혼천의, 자격루 등을 만들었다.

4 사육신
제7대 왕 세조가 왕이 된 것에 반대하고, 제6대 왕 단종에게 목숨을 바친 여섯 명의 충신.

5 이이 (1536~1584)
조선의 문신이자 유학자. 전쟁에 대비해 10만 명의 군사를 꾸리자고 주장했지만, 반대에 부딪혔다.

6 측우기
세종 때 처음 만들어진 비의 양을 측정하는 기구. 지역의 기후를 파악했다.

7 유교
조선의 통치 이념. 나라에 충성하고, 부모님께 효도하는 것을 중요시하는 사상이다.

8 경국대전
조선 시대 때 통치의 기준이 된 가장 기본적인 법전. 고려 말 이후의 각종 법과 관례를 포함시켰다.

9 호패
조선 시대 때 16세 이상 남성들이 차고 다녔던 신분증. 지금의 주민 등록증과 비슷한 역할이다.

조선 후기 (임진왜란 이후)

농업과 상업이 발달하여 경제적인 여유가 생기면서 문화를 즐기기 시작했어. 서민들도 참여해 한글 소설, 풍속화, 판소리 등의 다양한 서민 문화가 발달했지.

1 이순신 (1545~1598)
조선의 장군. 임진왜란 때 뛰어난 바다 전술로 일본을 몰아내는 데 큰 공을 세웠다.

2 사도 세자 (1735~1762)
아버지인 제21대 왕 영조의 명령으로 곡식을 담는 뒤주에 갇혀 죽은 세자.

3 정조 (1752~1800)
제22대 왕. 개혁 정치를 펼치고, 문화를 꽃피워 조선 후기의 황금기를 이뤘다.

4 정약용 (1762~1836)
조선의 학자. 정조를 도와 거중기를 만들고, 수원 화성을 짓는 데 큰 공을 세웠다.

5 김홍도 (1745~?)
서민들의 모습을 그림에 담은 풍속화가. 생동감 있는 인물 묘사가 뛰어났다.

6 홍경래 (1771~1812)
제23대 왕 순조 때 지역 차별과 세도 정치를 비판하며 난을 일으켰다.

7 상평통보
조선 시대의 화폐. 전국적으로 사용된 최초의 동전으로, 실을 꿸 수 있게 구멍이 뚫려 있다.

8 대동여지도
지리학자인 김정호가 이전의 지도를 참고하고, 직접 조사해 만든 전국 지도.

9 탈놀이
탈을 쓰고 하는 연극이나 춤. 서민들의 생각이나 감정을 솔직하게 표현해서 인기가 많았다.

개항기

서양의 여러 나라가 조선과의 교류를 요구하고, 일본과 청나라의 간섭이 무척 심했던 시기야. 또한 서양 문물이 물밀 듯이 들어오면서 백성들의 생활이 크게 달라졌지.

1 고종 (1852~1919)
조선 제26대 왕이자 대한 제국 제1대 황제. 주변 열강의 간섭에서 벗어나고자 대한 제국을 선포했다.

2 명성 황후 (1851~1895)
고종의 아내. 조선에 이롭게 외교 정책을 펼치다가 일본에 의해 목숨을 잃었다.

3 김옥균 (1851~1894)
정치가. 근대적인 개화 운동을 꿈꾸며 갑신정변을 일으켰지만, 3일 만에 실패로 끝났다.

4 전봉준 (1855~1895)
부패한 관리, 못된 양반, 외세에 맞서 일어난 동학 농민 운동의 지도자.

5 이완용 (1858~1926)
정치가. 일본이 대한 제국의 외교권을 빼앗는 강제 조약인 '을사늑약' 체결을 도와 우리 민족을 배반했다.

6 안중근 (1879~1910)
독립운동가. 인재 양성에 힘썼고 침략의 주범인 이토 히로부미를 하얼빈역에서 저격했다.

7 척화비
고종의 아버지 흥선 대원군이 서양과 교류하지 않겠다는 의지를 널리 알리고자 전국에 세운 비석.

8 태극기
1882년, 외교 사절로 일본에 간 박영효가 처음 사용하였다. 1883년에 국기로 정해졌다.

9 서양식 옷차림
서양의 여러 가지 문물이 들어오면서 한복 대신 서양식 옷을 입고 머리 모양을 꾸몄다.

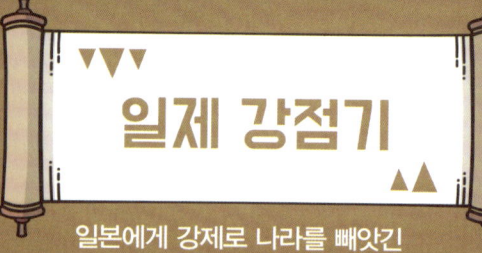

일제 강점기

일본에게 강제로 나라를 빼앗긴 1910년부터 해방된 1945년까지 우리 민족이 수난을 겪은 시기를 말해. 선조들은 독립운동을 벌이며 나라를 되찾기 위해 노력했지.

1 유관순 (1902~1920)
독립운동가. 천안의 아우내 장터에서 열린 만세 시위를 주도했다가 체포되어 감옥에서 눈을 감았다.

2 주시경 (1876~1914)
국어학자. 민족의 정신과 언어가 깊은 관련이 있다고 여겨 우리말을 연구하고 가르쳤다.

3 김좌진 (1889~1930)
일본에 대항하여 무기로 맞선 독립운동가이자 장군. 청산리 대첩에서 싸워 크게 승리했다.

4 김구 (1876~1949)
정치가이자 독립운동가. 대한민국 임시 정부의 주석을 지내며 여러 독립운동을 도왔다.

5 윤봉길 (1908~1932)
독립운동가. 1932년 상하이 훙커우 공원에서 폭탄을 던져 일본 주요 인물들에게 피해를 입혔다.

6 윤동주 (1917~1945)
시인이자 독립운동가. 독립의 소망을 시에 담아 일본에게 맞섰다.

7 쌀 수탈
농민들이 도시로 떠나며 일본에 쌀이 부족해지자, 우리나라에서 쌀을 빼앗아 갔다.

8 영화 <아리랑>
나라 잃은 슬픔을 표현한 영화. 우리 민족에게 일본에 맞설 의지를 심어 주었다.

9 일본식 성명 강요
일본 천황에게 충성하게 하기 위해 우리의 성과 이름을 일본식으로 바꾸도록 강요한 일.

지도 속 유물·유적

조상들이 남겨 놓은 물건을 '유물'이라고 하고, 역사적인 사건이 일어났던 장소나 건축물을 '유적'이라고 해. 손전등을 비춰 유물과 유적이 있는 곳을 찾아봐.

1 울주 대곡리 반구대 암각화
약 200여 점의 그림들이 새겨져 있으며, 지구상에서 가장 오래된 고래 사냥 그림이 있다.

2 강화 부근리 지석묘
청동기 시대에 만들어진 북방식 고인돌. 지금까지 발견된 북방식 고인돌 중 큰 편이다.

3 완주 갈동 출토 정문경 일괄
철기 시대에 사용된 청동기 거울. 문양이 매우 정교하며, 국립 전주 박물관에서 볼 수 있다.

4 충주 고구려비
고구려 장수왕이 남한강 근처까지 영토를 넓힌 것을 기념하여 세운 것으로 추정하는 비석.

5 무령왕릉
백제 무령왕과 왕비의 무덤. 백제의 유물 말고도 중국과 일본의 물건들이 발견되었다.

6 백제 금동 대향로
향을 피울 때 쓰는 향로. 용이 연꽃 모양의 몸체를 떠받치고 있는 형태이다.

7 서산 용현리 마애여래 삼존상
가야산 계곡의 절벽에 새겨진 백제의 불상. '백제의 미소'로 널리 알려져 있다.

8 익산 미륵사지 석탑
미륵사지에 있는 백제의 돌탑. 우리나라에 남아 있는 돌탑 가운데 가장 크고 오래되었다.

9 경주 첨성대
신라 선덕 여왕 때 세운 천문 기상 관측대. 동양에서 가장 오래된 기상 관측대이다.

10 경주 불국사
신라 김대성이 지은 절. 삼층 석탑, 다보탑, 청운교, 백운교, 연화교 등이 있다.

11 청자 칠보 투각 향로
고려 시대 향로. 세 마리의 토끼가 향로를 받치고 있다. 조화와 균형이 잘 잡힌 뛰어난 고려청자이다.

12 영주 부석사 무량수전
부석사 안에 있는 부처를 모신 건물. 고려 시대의 우수한 나무 건축물 중 하나이다.

13 팔만대장경
고려 시대 때 부처의 힘으로 몽골군을 물리치기 위해 만든 대장경. 현재 합천 해인사에 보관하고 있다.

14 안동 하회탈 및 병산탈
하회 마을과 병산 마을에 전해 내려오는 나무로 만든 탈. 가장 오래된 탈놀이 가면이다.

15 종묘
조선의 역대 왕과 왕비의 위패를 모시고, 국가적인 제사를 지내던 사당. 현재 종로 3가에 있다.

16 훈민정음
조선 시대 때 훈민정음의 창제 이유와 글자를 지은 뜻, 사용법을 담고 있는 한문 해설책.

17 창경궁 자격루
장영실이 발명한 조선 시대 물시계. 물의 힘으로 스스로 종을 쳐서 시간을 알려 준다.

18 강릉 오죽헌
신사임당과 율곡 이이가 태어난 집. 뜰에 검은 대나무인 '오죽'이 있어 오죽헌이라는 이름이 붙었다.

19 남한산성
신라 문무왕 때 지어진 성곽. 조선 제16대 왕 인조 때 청나라가 침입하자, 맞서 싸운 장소이다.

20 수원 화성
조선 시대 때 정조가 세운 성. 거중기, 녹로 등을 이용한 새로운 과학 기술로 건설했다.

교과서 인물 도감

박혁거세 — 신라. 왕
신라의 시조. 지금의 경주 지역을 중심으로 나라를 세웠다.

연개소문 — 고구려. 장군
스스로 최고 권력을 차지했고, 당나라 군대를 격파했다.

계백 — 백제. 장군
황산벌에서 신라의 장군 김유신과 네 차례 싸운 끝에 전사했다.

김유신 — 신라. 장군
백제를 멸망시키고, 고구려를 정벌하는 등 삼국 통일의 기반을 닦았다.

태종 무열왕 — 신라. 왕
김춘추. 신라 제29대 왕으로, 당나라와 함께 백제를 멸망시켰다.

대조영 — 발해. 왕
발해의 시조. 고구려의 옛 영토를 회복하여 국호를 발해로 고쳤다.

최치원 — 통일 신라. 학자
학자이자 문장가로 이름을 떨쳤고, 정치 개혁을 추진했다.

견훤 — 후백제. 왕
후백제의 시조. 후백제를 세웠고, 왕건에게 패한 후 고려에 항복했다.

궁예 — 후고구려. 왕
스스로 왕이 되어 후고구려를 세웠다. 뒤에 왕건에게 폐위되었다.

정몽주 — 고려. 학자
성리학의 기초를 닦았고, 학당과 향교를 세워 교육을 발전시켰다.

정도전 — 고려·조선. 학자
조선 건국의 일등 공신이며, 성리학으로 나라를 다스리자 주장하고 불교를 배척했다.

태종 — 조선. 왕
이방원. 조선 건국의 공을 인정받지 못하자 난을 일으켜 조선의 제3대 왕이 되었다.

이황 — 조선. 학자
주자의 사상을 깊게 연구하여 조선 성리학 발달의 기초를 형성했다.

신사임당 — 조선. 예술가
시와 그림에 뛰어난 예술가. 조선의 대표 학자인 율곡 이이의 어머니이다.

선조 — 조선. 왕
제14대 왕. 임진왜란 때 한양을 버리고 의주까지 피란했다.

권율 — 조선. 장군
임진왜란 때 군대를 총지휘했으며, 행주 대첩 등에서 승리했다.

원균 — 조선. 장군
이순신을 대신해 일본군을 무찔렀으나, 교란 작전에 말려 전사했다.

곽재우 — 조선. 의병장
임진왜란 때, 사람들을 모아 의병을 일으켰다. 홍의 장군으로 불린다.

광해군 — 조선. 왕
제15대 왕. 명과 후금 사이에서 중립 외교를 펼쳤으나, 인조반정으로 폐위되었다.

인조 — 조선. 왕
제16대 왕. 병자호란 때 남한산성에서 맞서지만 결국 청나라에 항복했다.

김상헌 (조선, 문신)	최명길 (조선, 문신)	소현 세자 (조선, 세자)	민회빈 강씨 (조선, 세자빈)
병자호란 당시, 끝까지 청나라와 맞서 싸울 것을 주장한 척화파의 대표 인물.	척화파와 반대로, 청나라와 협상하여 나라를 지킬 것을 주장한 주화파의 대표 인물.	인조의 맏아들. 청나라에 인질로 끌려간 후, 두 나라 사이의 외교관 역할을 했다.	소현 세자의 부인. 세자의 외교 활동을 돕고 포로가 된 조선인을 풀어 주었다.

영조 (조선, 왕)	김만덕 (조선, 상인)	신윤복 (조선, 화가)	빙허각 이씨 (조선, 학자)
제21대 왕. 붕당의 싸움을 막기 위해 인재를 골고루 등용하는 정책을 펼쳤다.	제주도에서 큰돈을 번 상인으로 흉년이 들자, 전 재산으로 백성들을 구했다.	양반층의 풍류나 남녀 간의 연애 등을 소재로 한 풍속화를 많이 그렸다.	조선 시대 여성 실학자. 생활 경제 백과사전 《규합총서》를 썼다.

김정호 (조선, 지리학자)	흥선 대원군 (조선, 정치가)	김홍집 (개항기, 정치가)	민영환 (개항기, 순국 지사)
조선의 국토 정보를 모으고 체계화하여 '대동여지도'를 만들었다.	아들 고종이 왕위에 오르자 대신 다스리며 서양과의 교류를 거부했다.	청나라와의 관계를 유지하면서 서양 문물을 받아들이자고 주장했다.	을사늑약 체결을 반대했지만 뜻을 이루지 못하자 자결했다.

신돌석 (개항기, 의병장)	윤희순 (일제 강점기, 독립운동가)	이회영 (일제 강점기, 독립운동가)	홍범도 (일제 강점기, 독립운동가)
을사늑약 이후 의병을 지휘하여 일본군에게 큰 타격을 주었다.	대표적인 여성 의병. 의병가를 여덟 편 만들고, 의병 활동을 도왔다.	일본에 의해 대한 제국 군대가 해산되자 전 재산을 팔아, 신흥 강습소를 세웠다.	대한 독립군 총사령관 등을 맡았으며, 봉오동 전투를 승리로 이끌었다.

남자현 (일제 강점기, 독립운동가)	안창호 (일제 강점기, 독립운동가)	신채호 (일제 강점기, 독립운동가)	이육사 (일제 강점기, 독립운동가)
만주에서 독립운동과 여성 계몽에 힘썼다. 일본 장교를 암살하려다 체포되었다.	독립운동과 교육 활동에 앞장섰으며, 신민회와 대성 학교 등을 세웠다.	《황성신문》, 《대한매일신보》 등에서 일본을 비판하는 글을 써서 민족의식을 일깨웠다.	《청포도》 등의 시를 통해 일제 강점기 민족의 비극과 독립 의지를 노래했다.

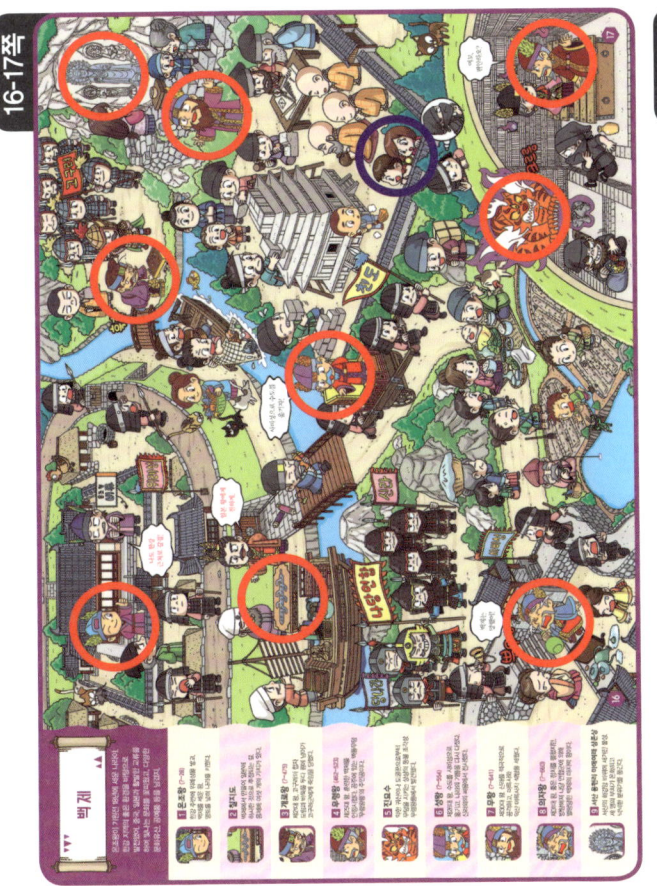

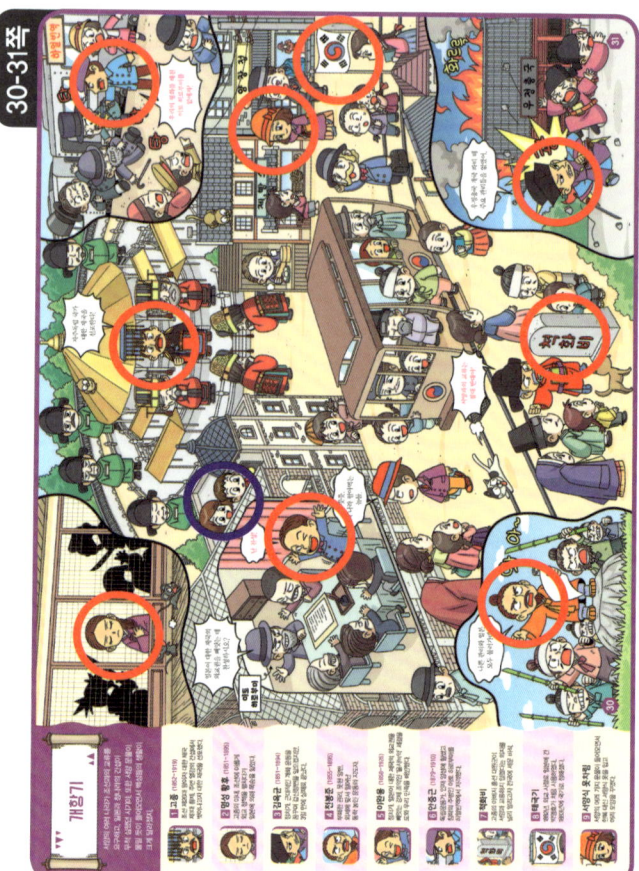

손전등을 비추며 푸는 한국사 가로세로 퀴즈

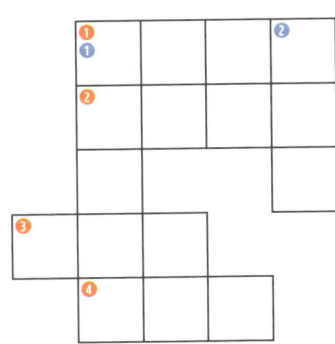
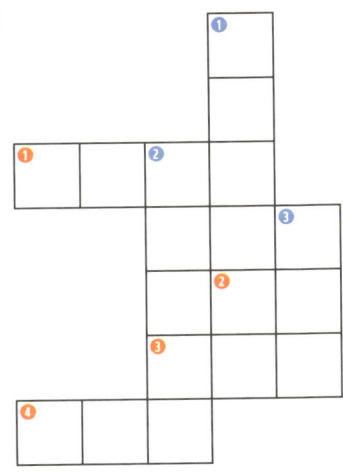
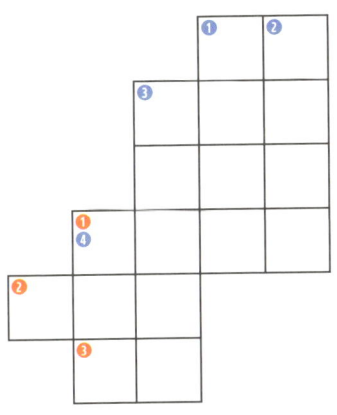

가로 열쇠
1. 독립운동가. 신민회 등을 조직하고 대성 학교를 세웠다.
2. 구석기 시대 때 사냥이 잘되기를 바라는 마음으로 동굴 벽에 사냥감들을 그린 것.
3. 독립운동가. 일본에 의해 대한 제국 군대가 해산되자 전 재산을 팔아 신흥 강습소를 세웠다.
4. 탈을 쓰고 하는 연극이나 춤.

세로 열쇠
1. 하회 마을에서 전해 내려오는 나무로 만든 탈.
2. 흥선 대원군이 서양과 교류하지 않겠다는 의지를 널리 알리고자 전국에 세운 비석.

가로 열쇠
1. 조선 시대 때 통치의 기준이 된 가장 기본적인 법전.
2. 조선 제14대 왕. 임진왜란 때 한양을 버리고 의주까지 피란했다.
3. 신라 제22대 왕. 소로 농사를 짓도록 하고, 지방에 관리를 보내 다스리며 왕권을 키웠다.
4. 청룡, 백호, 주작, 현무 등 사방위를 맡은 신을 그린 그림.

세로 열쇠
1. 조선 건국의 일등 공신이며, 성리학을 이념으로 내세우고 불교를 배척했다.
2. 조선 시대 지리학자인 김정호가 이전의 지도를 참고하고, 직접 조사해 만든 전국 지도.
3. 한강 주변에 위례성을 쌓아 백제를 세우고, 영토를 넓혀 나라를 키운 왕.

가로 열쇠
1. 아버지인 영조의 명령으로 뒤주에 갇혀 죽음을 맞이한 세자.
2. 〈청포도〉 등의 시를 통해 일제 강점기 민족의 비극과 독립 의지를 노래한 시인.
3. 공민왕과 개혁을 함께하며, 억울하게 땅을 빼앗기거나, 노비가 된 백성들을 도와준 승려.

세로 열쇠
1. 신라의 시조로, 지금의 경주 지역을 중심으로 나라를 세운 왕.
2. 병자호란 이후 청나라에 인질로 잡혀갔지만 두 나라 사이의 외교관 역할을 한 세자.
3. 백제에서 만들어 일본에 하사한 것으로 추정되는 칼.
4. 조선 시대 때 세조가 왕이 된 것에 반대하며, 단종에게 목숨을 바친 여섯 명의 충신.

손전등으로 정답을 확인하는 한국사 키워드 퀴즈

1. 구석기 시대에는 나뭇가지와 가죽 등으로 만든 ○○에 살았다.
2. 신석기 시대 때 돌을 갈아서 만든 도구를 ○○○라고 한다.
3. ○○은 고조선의 왕이었던 준왕을 몰아내고 왕위를 차지했다.
4. 알에서 태어나 고구려를 세운 왕은 ○○이다.
5. ○○○은 첩자의 꾐에 넘어가 고구려군에게 죽임을 당했다.
6. 신라 시대 선덕 여왕 때 세운 천문 기상 관측대인 첨성대는 ○○에 있다.
7. 김유신과 함께 삼국 통일을 이룩한 왕은 ○○○이다.
8. 통일 신라 때 불교를 공부하러 당나라로 가는 길에 해골 물을 마신 사람은 ○○이다.
9. 고려를 세운 제1대 왕은 ○○이다.
10. 고려 제31대 왕으로, 원나라의 그늘 아래 있던 고려를 개혁한 왕은 ○○○이다.
11. 세종은 ○○○○을 창제하고, 평등하게 인재를 등용했다.
12. 이순신은 ○○○○에서 뛰어난 바다 전술로 일본을 몰아내는 데 큰 공을 세웠다.
13. 우리 민족을 배반하고 을사늑약과 한일 강제 병합을 주도한 정치가는 ○○○이다.
14. 이토 히로부미를 하얼빈역에서 저격한 독립운동가는 ○○○이다.

〈정답〉

1	2	3	4
5	6	7	8
9	10	11	12
13	14		

그림 김덕영

프리랜서 만화가로 활동하며, 다양한 분야의 학습 만화와 삽화를 제작해 왔습니다.
어린이들이 밝고 즐겁게 자라길 바라며, 상상력을 자극하는 유익하고 재미난 학습 만화를 그리고 있습니다.
그린 책으로는 《천하 영웅 삼국지》 시리즈, 《서토를 정복하라! 광개토태왕기》, 《세상을 바꾼 50인의 특강》 시리즈,
《그램그램 영문법 원정대》 시리즈, 《브리태니커 만화 백과》 시리즈, 《만화 원더풀 사이언스》 시리즈,
《사고뭉치》 시리즈, 《개념 교과서》, 《who? 세계 위인전》 시리즈 등이 있습니다.

감수 노인환

한국학중앙연구원 한국학대학원에서 고문서학으로 문학 박사를 받았습니다.
한국학중앙연구원 장서각 연구원이며, 서울 시립 대학교와 충북 대학교에서 고문서와 한국사 강의를 하고 있습니다.
감수한 책으로는 《한국사 핵심 8장면 따서 조립하기》, 《특종! 70명으로 읽는 한국사》, 《교과서 한국 인물》,
《키워드 한국사 탐사》 시리즈, 《눈높이 한국사》 시리즈, 《히스토리카 만화 백과》 시리즈 등이 있습니다.

사진 자료 제공 기관명

문화재청 : 울주 대곡리 반구대 암각화, 강화 부근리 지석묘, 완주 갈동 출토 정문경 일괄,
충주 고구려비, 무령왕릉, 백제 금동 대향로, 익산 미륵사지 석탑, 청자 칠보 투각 향로,
안동 하회탈 및 병산탈, 훈민정음, 창경궁 자격루, 강릉 오죽헌, 남한산성

셔터스톡 : 경주 첨성대

위키백과 : 영주 부석사 무량수전

마법 손전등책
머리에 쏙쏙!
한국사 재미 탐험

개정판 2쇄 발행 2024년 4월 30일

그림 김덕영 | **감수** 노인환 (한국학중앙연구원)

발행인 오형석
편집장 이미현 | **편집** 정수경 신지원 김예린 | **디자인** 박정은
발행처 ㈜계림북스
신고번호 제2012-000204호 | **등록일자** 2000년 5월 22일
주소 서울시 마포구 창전로 74 여촌빌딩 3층
대표전화 (02)-7079-900 | **팩스** (02)-7079-956
도서문의 (02)-7079-913
홈페이지 www.kyelimbook.com

ⓒ계림북스, 2020
이 책에 실린 글과 그림, 사진의 무단 전재나 복제를 금합니다.